# LA DISCVSSION

### DES QVATRE

## CONTROVERSES

## POLITIQVES.

I. Si la Puiſſance des Roys eſt de droiƈt Diuin, & ſi elle eſt abſoluë.

II. Si les Roys ſont par deſſus les Loix.

III. Si les Peuples ou Eſtats Generaux ont pouuoir de regler leur Puiſſance.

IV. Si dans l'eſtat ou ſe trouuent maintenant les affaires, on peut faire vn Regent ou Lieutenant pour le Roy.

# LA
# DISCVSSION
## DES IV. CONTROVERSES
# POLITIQVES

I. *Si la puiſſance des Roys eſt de droiſt Diuin, &*
*ſi elle eſt abſolue.*

II. *Si les Roys ſont par deſſus les Loix.*

III. *Si les Peuples ou Eſtats Generaux ont pouuoir*
*de Regler leur puiſſance.*

IV. *Si dans l'eſtat ou ſe trouuent maintenant les*
*affaires on peut faire vn Regent ou Lieutenant*
*pour le Roy.*

C'EST vne maxime tirée d'Ariſtote, que celuy qui manque aux Principes eſt incapable
de receuoir aucune inſtruction, & meſme ſi l'on
vient à ſe fouruoyer tant ſoit peu de ces veritez
fondamentales, on ſe trouue par après enga-
gé dans des grandes erreurs. *Paruus error in*

*principio est magnus in fine.* Il y a veritable-
ment dans les sciences speculatiues plusieurs
principes qui sont generalement receus de tous
les hommes qui peuuent raisonner, comme que
le tout est plus grand que sa partie, qu'on peut dire
de chaque chose qu'elle est ou qu'elle n'est pas. La
nature a planté disent les Philosophes dans nos en-
tendemens l'habitude des premiers Principes, par
laquelle il est porté par vn instinct secret, à em-
brasser ces veritez des aussi-tost qu'elles viennêt à
paroistre par l'exposition des termes qui les cou-
uroient comme vn voile transparent, & bien delié.
Mais dans les sciences practiques, on ne trouue
point tant de certitude en leurs principes, à raison
que ses que ces veritez ne sont pas si detachées de
la matiere & dans la Politique vn chacun s'attache
à son interest. Nous iugeons, dit Aristote, de la
fin selon que nous sommes disposez enuers-elle,
*qualis vnusque est talis finis & videtur ej.*

Par Exemple, si l'on met en controuesses quel
de trois Gouuernements legitimes est le meilleur,
où le Monarchique ou l'Aristocratique, ou le Democratique. Il n'y a point de doute que ceux qui
auront receu des faueurs de leur Prince, maintien-
dront que l'Estat Monarchique est sans comparai-
son le plus Noble, & ceux qui se trouueront dans
vn Senat posseder des dignité de Senateur, diront
que

que l'Aristocratie qui donne le Gouuernement
aux plus sages & aux plus puissans est meilleure. Et
les Citoyens qui se trouueront libres comme de
Roys, diront qu'ils ne voudroient point changer
leur forme de Gouuernement pour vn autre. Ie
no veux point icy traitter cette question, & quelque desordre qui se trouue maintenant dans l'E-
stat, i'estime neantmoins que tous les François
en desirent la continuation, & en esperent la per-
petuité, & comme dit vn certain qui le descrie plus
que tous les autres, *il ne nous seroit pas moins pe-*
*nible de nous laisser arracher le cœur que l'amour de*
*la Royauté.*

Mais la These que nous mettons en auant est, si
la Royauté est de droict Diuin. Sur quoy nous
auons à dire, à ceux qui ne se veulent pas mettre en
peine de touttes ces distinctions de droit, qu'elle
est de droict Canon, ce que ie preuue par des
paroles qui se lisent sur les plus gros qui sont dans
l'Arsenal de Paris, *ratio vltima regum.* Mais pour
contenter les curieux entre lesquels ils s'en peust
rencontrer de sçauans, ie diray que le droict diuin
se doit diuiser en droict diuin naturel, & en droict
diuin positif. I'appelle droict diuin naturel celuy
qui est émane de la nature des choses diuines sans
qu'il faille aucune institution expresse, comme
par exemple, tout homme doit croire qu'il y a vn

Dieu, & luy doit rendre honneur & hommage, le
reconnoiſſant pour ſon Principe & pour ſa dernier
fin. I'appelle droiƈt diuin poſitif, vn droiƈt lequel
eſt fondé ſur vne inſtitution expreſſe, de laqu'elle
Dieu eſt l'autheur, nous ayant fait connoiſtre ſa
volonté par ſes Miniſtres, tels qu'ont eſté les Pro-
phetes & les Apoſtres. Ainſi les ordonnances qui
ſont dans le vieil & nouueau Teſtament touchant
la Relligion, ſont de droiƈt diuin poſitif. Cela
eſtant ſuppoſé pour l'eſclairciſſement de cette matiere. Ie dis que mettant en contreuerſe ſi la Royauté eſt de droiƈt diuin naturel ou poſitif commen-
çant par le dernier, nous deuons dire que tous les
Roys qui ſont maintenant ſur la terre prętendent
auoir cette aduantage que leur authorité ſoit de
droiƈt diuin poſitif. Le Grand Seigneur meſme ſe qualifie N. par la grace de Dieu, par les
Miracles de ſon Prophete Mahomet, & par ſon
eſpée inuincible, Roy des Roys, Seign. des Seign.
&c. Mais n'en déſplaiſe aux puiſſances Souuerines,
s'il m'eſtoit permis de dire mon ſentiment ſur ce
ſujeƈt, i'aduancerois qu'il n'y a maintenant ſous le
Ciel aucun Royaume qui ſe puiſſe venter d'eſtre de
droit diuin poſitif. Ce priuilege n'a eſté dőné qu'au
Royaũmé d'Iſraël, lequel Dieu a inſtitué aprę́s
auoir remonſtré au Peuple par Samuël ſon Prophę-
te, la faũtte qu'ils auoit fait de demander vn Roy,

l'Eternel, dit l'Escriture. 1. reg. 8. dit à Samuel
obey à la voix du Peuple en tout ce qu'ils te diront:
car ils ne t'ont point rejetté, mais ils m'ont rejetté
afin que ie ne regne point sur eux : toutes-fois ne
fais faute de leur protester & declarer comment le
Roy qui regnera sur eux les traittera; &c.

En establissant le Royaume d'Israël, Dieu n'ap-
prouue point l'intention du Peuple, laquelle il
condamne & dit qu'ils ont adjousté à leurs pechez
celuy-là d'auoir demandé vn Roy; mais il les veut
rendre du tout inexcusables, se seruant mesme par
sa sagesse incomprehensible de cette occasion pour
establir le Royaume qu'il auoit promis à Abrahán,
gen. 17. lequel deuoit estre le type ou la figure du
Royaume de Iesus-Christ; & pour vous monstrer
que la Royauté n'a esté establie en Israël, que pour
estre la figure de celle de Iesus-Christ, & pour
rendre sa naissance temporelle plus illustre venant
de la race des Roys. Ie n'ay qu'à vous representer
que Iesus estant venu au monde, il n'y a eu plus de
Roys legitimes en Israël. Ceux à qui il est permis
de lire l'Escriture pourront voir dans le mesme
chi̇lde Samuël, que ce qui porta le Peuple d'Israël
à demander vn Roy; fut que les Enfans de Samuël
qui auoient esté establis pour Iuges apres luy; se
destournoient apres le gain des-hónneste & prenoient
des dons, & peruertissoient le droict.

p 2.

Que diroient maintenant ces Ifraëlites de noftre Gouuernement , auquel ceux qui difpenfent la Iuftice ne prennent pas quelque don en cachette, mais en font vn traficq ouuert, vendent en detail ce qu'ils ont achepté en gros. L'Empereur Antonin furnommé le Pieux ou debonnaire, ne voulut iamais receuoir de l'argent des Offices de Iudicaré, adjouftant que fi l'on acheptoit de luy la Iuftice, on la pourroit vendre auec droict à fes fujects. *Emit quod quis enim vendere Iure poteft.*

Il doit donc demeurer pour conftant que hormis la Royauté d'Ifraël, les autres puiffances fouueraines ne font point de droict diuin pofitif, c'eft à dire que leur inftitution ne fe trouue point dans le vieil ou nouueau Teftament. Mais quand au droict diuin naturel, Il faut encore voir les fentiments des Docteurs. Ceux qui difent que la domination & prelature ont efté introduites par le droit humain, tiennent affeurement que la Royauté n'eft pas de droict Diuin; car la Royauté eft contenuë fous la domination & prelature comme l'efpece fous le genre. Or non feulement plufieurs grands Docteurs, font de cét aduis, comme le Cardinal Bellarmin au liure contre Barklay le Peré Armoux Binet & autres, Mais le Athnée des Scholaftiques le Docteur Angelique 2. 2. q. 10. a. 10. difant, *dominium & prælatio introducta funt iure humano.*

Et q.

*& q. 13. aït dominium introductum est iure gentium quod est humanum.* Outre l'authorité de ces Docteurs, il faut peser les raisons qui peuuent appuyer cette opinion qui sont, 1, que le premier Roy qui s'est esleué au monde fut Nembrod, lequel fut vn grand chasseur & selon quelques interpretes sur le Ch. 11. du genese vn grand voleur, lequel n'a point receu la vocation de Dieu, mais plustost du diable, lequel est appellé dans l'Escriture le Prince du Monde, & qui fit voir au Fils de Dieu tous les Royaumes de la terre, & luy promit de le faire Empereur s'il l'eust voulu adorer. 2, la plus part des Empires & Royaumes, voire tous sont venus de conqueste, vne nation ayant inondé l'autre ou vn Prince picqué d'ambition ayant meu vne querelle iniuste à son voisin. Aussi la premiere Monarchie des Assyriens fut establie par Ninus, lequel comme dit Iustin s'auisa de troubler le repos des hommes, aucun ne songeoit à la guerre, & luy ayant leué vne puissante armée surprit la Lybie, l'Assirie, & mit le Siege de son Empire dans Babylonne. Sardanapale fut le dernier qui tint la Monarchie, laquelle fut translaferée aux Medes, & des Medes aux Perses, des Perses aux Macedoniens, par Alexandre le grand, & enfin des Grecs aux Romains. la plus part des Roys qui sont maintenant dans l'Europe, ont vsurpé leurs Royaumes sur l'Empi-

re Romain, ce n'est pas qu'ils vueillent dire que
leur possession ne soit aussi legitime que celle des
autres.

Si ils alleguent que les Empereurs & les Roys
ne sont esleués sur leurs Trosnes que par deux
voyes par les degrés de la succession Hereditaire
ou par ceux de l'Election, qu'il n'y a point de re-
uelation en toute l'Escriture qui oblige vne nation
à suiure le Gouuernement monarchique non plus
que l'Aristocratique ou Democratique, c'est pourquoy ils se trouuent tous trois parmy les Chre-
stiens.

Mais nonobstant l'authorité & les raisons de ces
Docteurs, moy qui ne suis qu'vn Maistre d'Escho-
le, souftiens icy en faueur des Roys, que l'authorité Royalle formaliter est de droict diuin naturel.
Ie le preuue la royauté formaliter entant qu'op-
posée à la Tyrannie, est vne authorité souueraine de
dispenser les recompenses & les chastimens selon
le merite ou le demerite de ceux qui viuent dans
vne mesme societé ciuile, laquelle authorité souueraine reside dans vn seul. Or il est de droict diuin naturel qu'il se trouue vne telle authorité souueraine, ergo. La majeure de mon argument est eui-
dente puis que c'est la definition du subject. La
mineure se peut demonstrer ainsi.

Dieu estant l'autheur de toutes choses, & sin

gulierement ayant crée l'homme à son Image & semblance, la propagation du Genre humain, & la societé ciuile sont des choses Diuines, *Homo*, dit Aristote, *natura est animal Politicum*, l'homme de sa nature, & par consequent diuinement s'il faut ainsi ainsi parler pour me faire mieux entendre, est vn animal sociable. Si donc la societé ciuile est diuine, ce qui est necessaire pour l'entretenir, est de droict Diuin naturel, selon cette maxime des Physiciens, *natura non deficit in necessaris, nec abundat in super, fluis.*

Or pour entretenir cette societé ciuile, il est necessaire qu'il y ayt vne authorité Souueraine qui reside dans quelque membre de cette societé pour s'opposer à ce qui la veut rompre. Et ainsi pour entretenir la societé ciuile, qui subsiste par la vie, par les biens, & par l'honneur de ceux qui sont dans cette societé, il faut qu'il y ait vne puissance Souueraine, qui puisse faire perdre la vie, le bien & l'honneur de ceux qui transgressent les Loix de cette societé. Il demeure donc euident que cette Auth. Souueraine est de droict Diuin; que si vous adioustez à ce discours, que cette mesme Authorité deuient Royalle, quand elle reside dans vn seul, Aristocratique, quand elle se trouue en plusieurs, & Democratique, quand elle demeure en tout le corps de la societé, vous serez entierement

perſuadé que l'Authorité Royalle eſt de droict diuin naturel.

Pour accorder donc tous les deux partis, vous pouuez vſer de ces deux diſtinction de droict diuin naturel & poſitif: Et de la Royauté ſelon ſa forme & ce qui luy eſt eſſentiel & ſelon ſa matiere & ce qui luy eſt accidentel & ainſi vous reſpondres a l'authorité & au raiſons ſus alleguées & de meſme a ceux qui vous apporteront des teſmoignages de l'Eſcriture, par leſquels Dieu nous commande d'obeyr aux puiſſances ſouueraines, cela ſe doit expliquer de cette authorité ſouueraine qui diſpenſe auec Iuſtice, les recompenſes & les chaſtimens. Ainſi les plus meſchans Monarques comme Neron & ſes ſemblables auoient droict d'exiger l'obeiſſance de leurs ſujects quand ils leur commandoient d'obeïr aux Loix Romaines & Sainct Paul meſme dit qu'on y eſtoit obligé pour la conſcience & par conſequent la choſe commandée deuoit eſtre iuſte. Car d'obliger les hommes a faire vn commandement iniuſte, & de faire croire que Dieu ly oblige, c'eſt faire Dieu complice de nos crimes ce qui ne ſe peut penſer ſans ſacrilege. Voyla pour noſtre premiere Controuerſe.

Quand a la deuxieſme qui regarde la force de la puiſſance Royalle dans laqu'elle on demande ſi elle eſt abſolue & par deſſus les Loix: I'ay a dire

qu.

que l'authorité Royalle estant souueraine elle est absoluë & qu'estant absoluë elle est par dessus les Loix. Ie parle icy de la Royauté *formaliter*. Ie veux dire que le Monarque a vne puissance souueraine & absoluë sur la vie, & sur les biens de ses sujects pour la conseruation de l'Estat, c'est à dire de la societé ciuile. Ie ne veux pas dire que les Roys ayent aucun legitime pouuoir sur la vie ou sur les biens de leurs sujects hors le bien de l'Estat. Le domaine arbitraire ne peust estre legitime, que sur les bestes aussi les serfs & les esclaues ne sont point sensez hommes par les Iurisconsultes & cette sentence d'Aristote qui ne donne la domation qu'à la Loy, & à la raison doit estre la deuise des honnestes gens, *iustum est legem dominari, non hominem.* La Royauté ne laisse pas d'estre absoluë, puis qu'elle n'a aucune authorité par dessus elle & les volontez du monarque sont souueraines lors qu'elles ont pour principe la raison & non les passions. Quand ie dis que l'authorité Royale est vne puissance absoluë, ie n'entend pas qu'elle soit tellement detachée qu'elle n'aye aucun esgard, mais ie veux dire qu'elle ne depend point d'vne autre, quoy qu'elle ait vn esgard au bien de l'Estat qui luy est essentiel. Ie parle aux Doctes & dis que l'estre de la Royauté estant relatif & le terme de sa relation estant le bien & la felicité des sujects, cette

souueraineté ne peust estre dispensée de l'esgard
qui la constitue: aussi les Politiques voulāt definir
le Roy disent que c'est celuy qui se sert de l'authorité souueraine pour le bien commun; c'est adire
de tous les suiects; & le tyran au contraire, celuy
qui s'en sert pour son bien propre ou pour le bien
de quelque particuliers. Nostre Louys XII. auoit
apris du Ciel, ceste haute sagesse: qui luy fit res-
pondre à ceux qui luy donnoient conseil de leuer
de l'argent sur le Peuple pour suruenir aux frais de
la guerre qu'il deuoit faire pour recouurer le Royaume de Naples. *Mes subiects dit-il, ont bien affai-
re que nous allions despenser leur bien pour acque-
rir ce Royaume* [illegible]

Comme donc le caractere de la Tyrannie est
de ne chercher que le bien du Tyran, c'est à dire
de detacher ses interests de ceux du publicq; aussi
la Royauté les a communs: & pour le soustien de
l'Estat, le Monarque a vne puissance absoluë sur
les biens & sur la vie des suiects. Ainsi nos vies &
nos biens sont au Roy. Non qu'il en puisse dispo-
ser comme bon luy semble; mais pour le bien de
l'Estat, c'est à dire pour le bien de ceux qui ont
leurs vies & leurs biens entre ses mains puis qu'ils
composent cet Estat. Ainsi les Roys qui abusent
de leurs puissance se rendent criminels aussi bien
que les autres hommes. Dauid a esté vn meurtrier

C

& adultere ayant soüillé la couche d'Vrie & l'ayant
fait exposer par Ioab au Siege de Rabba pour le
faire tuer par les Assiegez. Certes si la vie & les
biens d'Vrie sujeck de Dauid, eussent esté au Roy
le Roy n'auroit esté n'y meurtrier n'y adultere. Et
ceux qui alleguent ces paroles du Pseaume de sa
Pénitence, *Tibi soli peccaui*, les expliquant comme si Dauid n'auoit offensé que Dieu seul, & non
pas Vrie & les Israëlites se trompent dans leur exposition. Le pecheur peritablement repentant
n'extenuë iamais son crime deuant Dieu, par ce
qu'il le considere comme Pere plein de Misericor-
de & non comme Iuge. Ainsi ces paroles de Dauid, *Tibi soli peccaui*, doiuent estre entenduës
comme A grauant son peché, & non pas le dimi-
nuant comme s'il vouloit dire, les crimes que i'ay
commis sont en tous esgards des sacrileges.

A chab veut auoir la Vigne de Naboth, qui
joignoit sa Maison Royale pour en faire vn Iardin.
Ie t'en bailleray, dit le Roy, vne meilleure ou s'il
te s'emble mieux, ie te bailleray de l'argent autant
qu'elle vaut, mais Naboth respondit à Achab, ia n'ad-
uienne de par l'Eternel que ie te baille l'heritage de mes
Peres, le Roy deuheurs si fasché de ce refus, qu'il ne
vouloit point manger. Mais sa femme Izebel luy dit
leue-toy mange ie te bailleray la vigne de Naboth, Exer-
cite se dis tu maintenant Roy sur Israel? Voyla Izebel

bel qui pretend que ce soit vn droit de la Courône de pouuoir entrer en poſeſſion de la vigne do Nabots : Elle fait lapider ce pauûre Innoçent par les Anciens, les Magiſtrats & le Peuple ayant eſcrit de Lettres au nom du Roy ſeellées do ſon Cachet ou de ſon Sceau. Mais le Prophete Elie fit entendre à Achas & à Izebel, que tout ainſi que les Chiens auoient leché le ſang de Nabot , ils lecheroient le leur propre, & que Dieu racleroit du tout & retrancheroit ce qui appartient à Achab.

Outre ces Exemples tirez de l'Eſcriture qui nous ſert de Reigle de noſtre Foy, ie pourrois en alleguer de l'Hiſtoire Romaine, ou nous voyons que la Puiſſance des Empereurs quelque abſoluë ou Souueraine quelle fut, neantmoins elle ne regardoit que le bien de la Republique. Trajan eſtabliſſant le General de ſes Armées, luy dit en luy donnant ſon eſpée, *ie te la mets entre les mains afin que tu t'en ſerues pour moy tandis que ie procureray la gloire des Romains, & contre moy ſi ie fais contre la Republique.* Pline auſſi remarque dans le Panegyre de cet Empereur qu'il auoit commis au Senat le iugement des cauſes qui ſe leueroient entre luy & les Sujets, & que le plus ſoutuent il les perdoit, & apres teſmoignoit de la joye de les auoir perduës.

Ce fut vne action laſche de Philippes II. Roy d'Eſpa-

d'Espagne, d'auoir supprimé la Iustice d'Arragon
ayant fait decoller dans son Carrosse Dom Pedro
de Lanusa President de ce Parlement, il fit mettre
au bas de sa Statuë, *ville arragon*, côme si c'estoit
la plus belle action de sa vie : mais cette inscrip-
tion pourroit bien renuerser ses Statuës. Ses Suc-
cesseurs ont perdu le Portugal & le Comté de
Roussillon, parce qu'ils ont voulu traitter les sub-
jets en esclaues, & qu'ils vouloient introduire ce
desordre parmy les gens de Guerre de viure par
tout à discretion.

III. De la Discussion de cette controuerse, nous
pouuons tirer aisement la Decision de la suiuante,
dans laquelle il est demandé si la Royauté est au
dessus des Loix. A quoy ie responds que la Royauté estant vne puissance Souueraince, ayant pour fin
& pour objet le bien de l'Estat, ie dis qu'elle est
par dessus les Loix, estant attachée à la premiere
Loy qui est le salut du Public, comme il est dit
dans les douze Tables, *Salus populi suprema lex*. Ie
sçay bien que les plus sages Empereurs ont fait
gloire d'obeyr aux Loix. *Gloriosius est* disoit Antonin, *legibus obedire quam hominibus imperare*.
Il est plus glorieux d'obeïr aux Loix que de commander aux hommes. Mais on peut dire que cette
obeïssance estoit de bienseance, & non pas vn de-
uoir. Disons aussi que la Iurisprudence reconnoist

trois fortes de Loix, dont les vnes font naturelles
les autres Politiques & Ciuilles & les autres Penales. Et que les Roys ne font point fujects aux
Loix Ciuilles & Penales, mais bien aux Loix naturelles ou à celles qui concernent le bien de tout
l'Eſtat en général. Là Loy n'eſtant autre chofe
que la raiſon qui monſtre ce que l'on doit faire,
tant ſans faut que ce foit affoiblir la Royauté que
de l'aſſujectir aux Loix, qu'au contraire c'eſt autant outrager le Prince que les ſujects, que de
maintenir qu'il n'eſt fouuerain que lors qu'il eſt
irraiſonnable, & que ceux cy pour eſtre des bons
fujets doiuent rendre vne obeiſſance aueugle, & ſe
laiſſer mener comme de beſtes. Vn Roy Chreſtien
ne peut penſer qu'il ſoit par deſſus la Loy de Dieu.
Nous ne voulons point aſſujectir ſa Majeſté à d'autres Loix, qu'à celles que Dieu a eſcript de ſes
doits ſur les deux tables. Nous dirons aprés Sainct
Auguſtin qu'il face tout ce qu'il luy plaira & qu'il
ayme Dieu, *deum ama & fac quod volueris*. que ſi
cette Theologie n'eſt pas là bien venuë à la Cour,
& qu'on y reçoiue pluſtoſt quelque maxime
d'Eſtat, diſons auec Machiauel, qu'vn Prince peut
faire tout ce qu'il luy plaira, pourueu qu'il ne deſpoüille point ſes fujects de leurs biens & de leur
honneur tout luy eſt permis, quelque inſuffiſance
qu'il ait pour le gouuernement, il n'en ſera iamais

depoſſedé, mais s'il viole les Loix fondamentales de ſon Eſtat, s'il deſpoüille ſes ſujeᵉts de leurs biens, ſon Throſne ne ſera iamais aſſeuré. Samuel eſcriuit premierement vn Liure, auquel il mit les Loix ſelon leſqu'elles le Royaume d'Iſraël deuoit eſtre gouuerné & puis il Oignit Saul pour Roy, & l'obligea luy & ſes ſucceſſeurs de prendre de ces ſacrez Cayers la forme de leur gouuernement.

Quand a la 3. Queſtion dans laqu'elle il eſt propoſé ſi le Peuple ou les Eſtats Généraux qui le repreſentent ſont par deſſus le Roy, il ſe trouue deux opinions contraires leſqu'elles nous tacherons d'accorder, la premiere dit que les Roys ayant eſté ordonnés de Dieu ou choiſis par les Peuples ou intrus dans le gouuernement pour deffendre les ſujeᵉts contre les ennemis & pour leur adminiſtrer la Iuſtice ils ne ſont que comme les Officiers de Dieu ou comme des moyens & des inſtrumens pour paruenir à la fin de la ſocieté Ciuile qui eſt de rendre les hommes heureux & par ainſi la fin eſtant par deſſus les moyens, il demeure euident que le Roy eſt audeſſous des Peuples puis que ſon authorité regarde leur felicité comme ſa propre fin, ils alleguent encore ces paroles qui ſe trouuent dans les plus anciennes Panchartes où ſe trouuent les inſtitutions des Roys, & les Loix fondamentales des Royaumes, aſçauoir que le Prince eſt plus qu'vnchacun en particulier, mais moins que tous en general. *Maior ſingulis Minor vniuerſis.*

12. Ils diſent que les Ròys n'ont eſté legitimes qu'apres qu'ils ont eſté receus par le conſentement des Peuples, & que meſmé ſouuent ils ont eſté depoſſedez par leurs ſujeds lors qu'ils ont eſté trouuez capables de Gouuerner. Autrement ceux qui ſont maintenant aſſis ſur le Throſne ne pourroient eſtre les legitimes monarques. Il faut auſſi que les Roys tiennēt leur puiſſance ou deux meſmes, c'eſt à dire qu'elle ne releue que de leur eſpéé ou des Peuples, s'ils la tiennent de leur eſpée & que la force leur ait donné cét authorité, les Peuples pretendent ayant la force d'auoir le meſme droid de les depoſſeder par ce que, *vim vi repellere licet*, & ſe ſeruent auſſi de cette Loy, *quo quiſque erga alterum iure vtitur eôdem & ipſe jure vtatur.* Quelques vñs auſſi alleguent que quand vn ſeruiteur conteſtoit ſa liberté contre ſon Maiſtre, les Loix ordonnoient que pendant le procez il eſtoit cenſé libre, & par ainſi les Peuples eſtant en conteſtation de l'authorité de leur Souuerain, doiuent eſtre cenſez pendant la conteſtation cómme n'eſtant point ſubjeds.

Neantmoins ie maintiens que le Roy *Formaliter* eſt par deſſus le Peuple. Ie prends icy l'authorité Royallé, & ſes intereſts non cóme oppoſez

fez à ceux du Peuple, car cô n'eſt plus Royauté lors
qu'il y a de l'oppoſition où contrarieté de l'vn à
l'autre. Car alors cette Reigle doit venir en prati-
que, *ſalus populi ſuprema lex*. Mais ie prends la
Royauté dans ſon eſſence, & le Prince cômmé reueſtu d'vne haulte Sagéſſe, qui le releue par deſſus
tous. Le Souuerain donc reueſtu des vertus Royalles doit eſtre conſidéré côme l'ame du corps Politique qui luy donne l'eſtre & le mouuement, de
façon que les Eſtats Generaux n'eſtant qu'vn corps
organiſe pour ainſi dire ne peuuent eſtre par deſſus
le Roy. Mais ſi le Monarque eſt d'eſtitué des vertus Royalles, & qu'il ſe trouue dans l'impuiſſance
de faire ſa charge ou'qu'il s'en ſerue ſahs cauſe legitime contre ſes ſujeas, c'eſt alors aux Princes &
magiſtrats ou bien aux Eſtats Generaux de remé-
dier à ce deffaut. Ainſi les enfans ont droiĉt d'ar-
reſter la fureur de leur Pere lors qu'il ſe ſert de l'authorité paternelle pour les ruiner ou pour les de-
ſtruire. On ne doit point laiſſer l'eſpée entre les
mains d'vn furieux. Auſſi pluſieurs Peuples qui ſont
ſous le Gouuernement Monarchique, ont tellement pourueu à la ſeureté de leurs Loix qu'ils
n'ont rien à craindre. Le Souuerain ne peut leuer
ny argent ny hommes ſans le conſentement de
ceux qui ont intereſt à la conſeruation de l'Eſtat &
auec cela tout eſt en repos.

Il reste maintenant à conclure tout ce discours par la discusion & decision de la derniere controuerse laqu'elle est & la plus importante & la plus difficile à resoudre. Selon les Loix & coustumes de nostre Royaume, il n'y peut auoir de Regent que dans trois occurrences. La premiere pendant la minorité du Roy, là deffaut de l'aage ne luy donnât que le droict de l'authorité Souuerainë, & l'vsage deuant estre à vn' autre qui sçache commander, *Sapientis est imperare.* La seconde est vne maladie qui priue pour tousiours le monarque de l'vsage de la raison comme il arriua à Charles VI. lequel allant faire la guerre cohtro le Duc de Bretagne, fut surpris d'vne fievre chaude qui le mit au lict, & luy laissa vne manie qui le rendit incapable du Gouuernement. La troisiesme est l'esloignement du Prince ou volontaire comme quand Louÿs IX. entreprit le voyage de la terre Saincte, ayant laissé le Gouuernement entre le mains de sa Mere la Royne Blanche, ou involontaire comme durant la prison du Roy Iean & de François I. Or graces au bon Dieu nostre Monarque n'a aucun de ces trois empechemens. Il est Majeur, il est sain de corps & d'esprit, il est au milieu de son Royaume ? & neantmoins on n'a pas laissé de proposer au Parlement s'il failloit faire vn Regent ou vn Lieutenant de Roy. Cette proposition a esté d'abord rebutée.

Pourquoy ? parce que la pluſpart de nos ſénateurs craignent & les autres ſont plus portez pour leur intereſt que pour celuy de l'Eſtat. Ie veux bien que ſuiuant les Loix ordinaires on ne puiſſe point faire de Regent ou de Lieutenant de Roy ; mais neant-moins dans l'Eſtat ou nous ſommes à preſent, l'eſtime que le ſalut du public qui eſt la Souueraine Loy le permet & l'ordonne. La Morale reconnoiſt outre la Iuſtice, l'Epikeie pour reigler les actions humaines dans des accidens auſquels la Loy n'a point pourueu. Qui doute que dans le deſſordre ou ſe trouue maintenant l'Eſtat de la France, que les Eſtats ou les Parlemens ne puiſſent créer vn Regent ou Lieutenant du Roy, puis que ſa Majeſté eſt entre les mains d'vn Eſtranger qui luy fait faire la guerre contre ſes Princes ſes magiſtrats & ſon Peuple ? on peut dire qu'il y a de la manie en ceux qui gouuernent la jeuneſſe du Roy & qu'ainſi le bien de l'Eſtat, le ſeruice du Roy la tranquillité publique ſemblẽt donner la Regence ou la Lieutenance à ſon Alteſſe Royalle, qui peut par ſa haulte Sageſſe remettre la France dans ſon premier eſclat. l'authorité du Roy n'en ſera point pour cela diminuée. Les Iuriſconſultes diſent que, *Iura ſunt indiuiſa*, que le droicts ne ſe peuuent pas partager. Et ainſi l'authorité Royale reſtera tout entiere dans le Monarque. Les meſmes Iuriſconſultes disent que) *is possidet cuius, nomine possidetur.* Celuy la est le seul possesseur au nom duquel on tient la possession. A? tout se faisant au nom du Roy, sous l'authorité & commandement du Duc d'Orléans rien ne se trouvera alteré quand à l'authorité Souueraine. Mais auant touttes chosés, il faudroit aller retirer d'entre les mains de ce Sicilien, Nostre Monarque faisant mettre tout Paris en armes & puis on pourvoiroit au reste,

FIN.